母の祈り

True Mother's Prayer

光言社

はじめに

独り娘、人類の母として歩まれる真のお母様。その歩みは天の父母様（神様）に対する孝情《ヒョジョン》と、全人類を子女として抱こうとされる愛にあふれています。必ずや、全人類に天の父母様を伝え、天一国《てんいちこく》を見せてあげようとなさる真のお母様は、今もなお、中断なき前進を続けていらっしゃいます。

真のお母様は二〇二〇年、日本に対して次のようなみ言《ことば》を語ってくださいました。

一つ屋根の下の家庭においても、その家庭の和睦と平和のためには母親の涙と精誠があるように、摂理の母の国の皆さんの

涙と精誠は、神日本においてはもちろん、神統一世界のための貴い礎です。（二〇二〇年陽暦十月二十九日）

真のお母様は私たちに神霊と真理で進むことを願われ、霊界や真のお父様が地上に大きく協助する中で歩めるよう、天心苑《チョンシムォン》を伝授してくださいました。日々の天心苑祈祷を通して、私たち自身を神霊で生みかえるとともに、先述のみ言《ことば》のように、日本はもちろん、世界をも生みかえる精誠を尽くすことが願われています。

本書は、母の国・日本に生きる私たちが、真のお母様の祈祷を繰り返し訓読することで、人類の母として歩まれる真のお母様の心情や孝情《ヒョヂョン》を相続して、より大きな精誠を立てていくこと、そして何より、真のお母様と一つになっていくことを目的として制作

第一章には、二〇一三年の年頭から二〇二三年の天苑宮《チョヌォングン》奉献式までの真のお母様の祈祷が時系列で収録されています。

第二章には、天一国《てんいちこく》経典『天聖経』に収録された真の父母様のみ言や最近の真のお母様のみ言を中心に、祈祷や精誠、天心苑に関する内容を厳選して掲載しました。


真のお母様が歩まれた路程を、その間、お母様ご自身が天の前に捧げられた祈祷を通してたどってみると、その一言一言ににじみ出ている事情と心情が、切実に胸に迫ってきます。

天心苑祈祷を通してより精誠を尽くすことが願われている今、私たちはその祈りを手本としていくことで、人類の母として歩まれる真のお母様の心情や孝情を相続し、お母様と一つになっていけるのではないでしょうか。
　本書がその一助となり、私たちの捧げる精誠がより深く、大きくなって、天の父母様、真の父母様に届くことを心から願ってやみません。

天の父母様聖会 世界平和統一家庭連合

＊本書に収録された祈祷やみ言《ことば》は、天一国《てんいちこく》経典、機関誌（「Today's World Japan」・「世界家庭」・「祝福家庭」）、鮮鶴《ソナク》歴史編纂《へんさん》苑提供の資料を出典とし、表現の整理や表記の統一などの編集を行いました。なお、祈祷文のタイトルは、真のお母様の祈祷の中から抜粋・編集して付けています。

目次

目次

＊日付は特別な但し書きがない限り、陽暦表記です。
＊機関や施設名は、基本的に祈祷当時のものです。

第一章

真のお母様が捧げられた祈り

1

真の父母様のみ旨と一つになって氏族メシヤの使命を必ずや完遂いたします

第四十六回「天の父母様の日」零時集会
韓国・天正宮博物館、天宙清平修錬苑
二〇一三年二月十日（天暦一月一日）

敬愛する天の父母様（神様）。
今、まさに二〇一三年、待望の新年を迎えました。
天地人真の父母様をお迎えしての
天一国《てんいちこく》基元節がある新年の初日を、
天上世界と地上世界が一つの心で、一つの志で

神聖に出発するようにしてくださいましたことを、
感謝申し上げます。

天の父母様は、天一国を創建するために、
どれほど悲しく無念なる歴史を経てこられましたか？
人類始祖の堕落による蕩減《とうげん》復帰摂理歴史を清算するために、
救援摂理を導かれ、
立てられた摂理の中心人物たちの
犠牲と失敗に心を痛め、気を揉《も》まれながら、
歴史の裏街道でどれほど血の涙を流してこられましたか？

特別に真の父母様の勝利権の上に二〇〇一年、
神様王権即位式を挙行し、天一国を宣布して以来、

過ぎし十二年の間は、
一日を千年のように、千年を一日のように、
寸時を惜しまれながら全力投球してこられました。

また、後天時代を宣布されて、
地上の天正宮《チョンジョングン》博物館を奉献し、
天の父母様がこの地上に万世にわたって
安着される盤石の基盤を立てられました。
そして、全世界に、天の父母様を解放・釈放してさしあげる
即位式と戴冠式をお捧げいたしました。

敬愛する天の父母様。
今、基元節を十二日後に控えて、

これまで責任を果たせなかったことを心から悔い改めながら、
天地人真の父母様に侍《はべ》って、
真の家庭、そして祝福家庭たちが一つになって、
一心・一体・一念・一和の心情圏で
天一国の生蓄の祭物*として捧げられ得る、
新しい環境を備え、装わなければなりません。

全世界の統一家が、真の父母様のみ旨と一つになって、
氏族メシヤの使命を必ずや完遂することを決意し、
新しく出発することを宣布いたします。

今や二〇一三年、天一国元旦を迎えて、
全世界の統一家と万民が、

太平聖代の驚くべき新時代を開門し、
地上と天上世界に、
天の父母様の天福と大きな愛が満ちあふれることを祈願しながら、
天地人真の父母の名で、切に祝願いたします。
アーヂュ！　アーヂュ！　アーヂュ！

***生蓄の祭物**：生きた供え物

2 実践躬行《じっせんきゅうこう》する生を生きて、天一国《てんいちこく》を開門する祝福家庭として生まれ変わらせてください

二〇一三天地人真の父母天宙祝福式
韓国・清心平和ワールドセンター
二〇一三年二月十七日

敬愛する天の父母様!
この日の栄光の場に、
どうして賛美と讃揚《さんよう》なしでいられるでしょうか?
天地人真の父母様が蕩減《とうげん》復帰摂理歴史を完成され、

新しい時代を迎えていくこの元年に、
一九六〇年、真の父母様の聖婚を筆頭に、
堕落によってサタンの血統を受けて呻吟《しんぎん》している人類の前に、
天は救いの摂理をしてこられ、
真の父母様の聖婚を通して、
新しい血統に生まれることができるよう、
一九六〇年の三十六家庭*の聖婚から始まり、
きょう、二〇一三年（天暦）一月八日、この日を迎えるまで、
（数々の）大祝福行事によって、
堕落した人類の希望の灯火《ともしび》となられました。

---

*三十六家庭：一九六〇年三家庭祝福、一九六一年三十三家庭祝福

しかし、私どもが不足であり、
天の前に、受けた使命の前に
責任を果たすことができない祝福家庭でありました。
本当に面目ありません。

天の父母様。
しかし、基元節元年に当たって、
あなたはもう一度私たちを抱いてくださいます。

全世界の統一家の祝福家庭たちと、
きょうこの場に参席した祝福を受ける対象者たちは、
天の父母様の前に、天地人真の父母様の前に、
責任と使命を果たし、

天一国が願う、その大きな意義の前に、
天には限りなく栄光をお返しし、
地球の地の果てまで、
天の父母様の真の愛と、
皆さんが実践躬行する生を生きて、
賛美と讃揚が途絶えることのない、
新しい時代の天一国を開門する、
誇りある祝福家庭たちとして生まれ変わることを願い、
きょう、ここに参席した祝福家庭たちと、
全世界インターネットを通して、
新しく祝福を受ける一万二千組と共に、
天の前に新たな誓いを立て、
死生決断、全力投球で天の祝福に報いる、

誇りある民となることを、
お父様、約束いたしますので、お受けください。
賛美と讃揚が地の果てまで永遠であれ！　アーヂュ！

3

天一国《てんいちこく》の完成に向かって 総進軍することを約束いたします

天地人真の父母様天一国即位式
および天一国基元節入籍祝福式
韓国・清心平和ワールドセンター
二〇一三年二月二十二日（天暦一月十三日）

天の父母様、
天には栄光、地上には賛美と讃揚《さんよう》が
隅々にまで満ちあふれることを願います。
天地人真の父母様、本当に感謝でございます。
本当にお疲れ様でした。

きょう、私たちがこのように大きな祝福と恩賜の日に
立ち得ない不足な身であることを知っておりますが、
天は広く、大きく、再び抱いてくださいました。
お父様、この恩恵を、この感激を、
どうして私たちだけが受けられるでしょうか。

天の父母様に申し上げます。
私たちの生命が尽きる日まで、
天一国の完成に向かって総進軍することをもう一度誓い、
約束いたします。

天の父母様、私たちをお助けください。

私たちは、あなたのみ前に、
愛され、誇りとなる子女として立ちたいと
切実に思っております。

天よ、この場をお借りして
天の父母様に切にお願い申し上げますので、
私たちを最後までお守りくださり、
あなたのみ旨を全世界に大きく広げてください。アーヂュ！

4

真の父母様の真の愛を伝播《でんぱ》する誇らしい群れとならせてください

親和教育館B館奉献式
韓国・天宙清平修錬苑
二〇一五年二月十八日

天一国《てんいちこく》二年天暦十二月三十日、
多事多難であった甲午《きのえうま》の年を最後に送るこの時点で、
新しく始まる乙未《きのとひつじ》の年に
希望に満ちた未来を眺めながら、
この場に、神聖な親和《チヌァ》教育館B館を

天の前に奉呈できる恩賜を心より感謝申し上げます。

愛する天の父母様！
天地人真の父母様！
どれほど苦労なさいましたか？
どれほどあなたの真なる子女を探して苦労なさいましたか？
ここに集ったあなたの息子、娘は、
地上で真の父母様が成された恩賜の中で、
祝福家庭としての責任と天の召命を果たし、
この国はもちろんのこと、
世界人類を天の父母様の懐に抱かせるために、
最善を尽くすことを決意するこの日でございます。

天の父母様！
ここを中心として行き来する多くの人々が、
復帰摂理歴史における真実を悟り、
本心の方向に従って真の父母様の教えを模範とし、
社会と国と世界に真の父母様の真の愛の運動を伝播する、
この時代を生きていく
誇らしい群れとなれるよう祝福してください。

ここを行き来するすべての人々をお父様が抱かれ、
本心の方向に従って、
あなたが追求する天の父母様を中心とした一つの世界、
人類が念願し、天の父母様が願われた
自由、平和、統一、幸福なその世界、

その日を早める、
ここを往来するすべての人々の心を開かれ、
一つの方向へ集めてくださいますことを切に願いながら、
このすべてのみ言《ことば》を真の父母の名によって
強くお願いいたします。アーヂュ！

5

天一国《てんいちこく》の真の民、真の子女の姿となり得るよう、矜恤《きょうじゅつ》*のみ手を施してください

天一国聖物伝授式
韓国・天正宮博物館
二〇一六年四月二十一日

敬愛する天の父母様！
あなたはご自身の夢を実現するため、
天地万物を創造し、
（真の）人間の先祖となり得る
アダムとエバを創造されました。

あなたの創造の原則は、
人間と一つになることにあったので、
アダムとエバが責任を果たし、
天の父母様に侍《はべ》る人類の始祖となっていたならば、
今日、このような現象は起きていなかったはずです。

しかし、アダムとエバの堕落により、
天は六千年という長い歳月の間、
恨《ハン》と悲しみの歴史路程の中にありながら、
それでも本来、創造した時の理想があるがゆえに、

＊矜恤：哀れみ恵むこと

（真の）人間の先祖が現れて、
ご自身を解放してくれるその一日を待ちわびつつ、
耐えてこられました。

六千年を経て、一九六〇年、
あなたが探して立てられた独り子、独り娘により、
「真の父母」の名が地上に誕生しました。

二千年間、準備したキリスト教の基盤が、
その環境と垣根になることのできない現実を前にして、
どん底から這《は》い上がっていく八段階の路程を通過しながら、
真の父母の切なく事情多き日々がありましたが、
それでも真の父母は、

祝福を受けた子女を多く輩出してきました。

しかし、サタンの勢力圏内にいる、
祝福を受けた子女たちには、
父母様を中心とする絶対信仰、絶対愛、絶対服従により、
父母様と一つになった立場で広がっていくべき
責任があるにもかかわらず、
その責任を果たすことよりも、
まず自分のことを考え、
環境に揺れ動く信仰生活をする子女たちを
ご覧になる真の父母の心は、
あまりにも切ないものでした。

天の父母様、もう一度、矜恤の恩賜によって、
真の父母の願いを奉ずる、
祝福を受けた子女となり得る条件を立て、
真の家庭として、影がない正午定着の信仰基準で、
新たに立ててくださった天一国の真の民、
その使命と責任を果たす
祝福を受けた子女となることを願います。

そうして、天の父母様と真の父母が
七十三億の人類を抱こうとするその願いに対し、
責任を果たす統一の子女として
生まれ変われるように祝福するために、
もう一度、真の父母の名により、

天の父母様のみ前に、
矜恤によるこの聖物を通して新たに誕生して、
永遠なる本郷苑《ポニャンウォン》に行くことができ、
影もなく、一握りのサタン圏内の痕跡もない姿に
なれるようにしてください。

本郷の地に行くことができ、
最後に真の子女の姿となり得る、
祝福の恩賜を下さるこの聖物であることに対して、
全世界の統一家の子女たちは
天の父母様に喜びながら感謝し、
最後、最善を尽くすことのできる、
歴史に残る誇らしいあなたの子女、

七十三億の人類を真の父母の懐に抱かせることのできる、
責任を果たす子女となれるよう、
もう一度、矜恤のみ手を施してくださいますよう、
真の父母の名によってお祈りいたします。アーヂュ。

6

父母の国として必ずや責任を果たす韓国・日本とならせてください

韓日トンネル起工三十周年記念式
日本・唐津
二〇一六年十一月十四日

尊貴なる天の父母様。
きょうここ、唐津において、
これまでみ言《ことば》に従って三十年以上、
その責任を果たすために苦労してきた
韓国と日本の息子、娘たちを、

あなたは覚えてくださっています。

愛する真の父母様。
どれほど待ちわびた、この瞬間でしょうか。

神様はあらゆる精誠を尽くして天地万物を創造され、
最後に、人間の先祖となるアダムとエバを創造し、
喜ばれました。
しかし、創造主である神様と絶対的に一つになって
成長すべきだった人間始祖アダムとエバは、
自らの失敗により、
自分のことだけを考えるようになって、
天の父母様の夢を実現することができない方向へと

歴史をつくり上げてきました。

しかし、天の父母様は、
全知全能で絶対的な主人であられるので、
この堕落した人類を放って眺めておくことができず、
長い歳月をかけて、
選民の名のもとにイスラエル民族を育てられ、
世界的にローマ帝国の基盤が築かれていたそのとき、
約束されたメシヤを送ってくださいました。

しかし、マリヤとザカリヤ家庭、
ユダヤ教とイスラエル民族が責任を果たせず、
イエス様が活動できる環境圏を失ってしまった立場で

十字架にかからざるを得ない、
途方もない恨《ハン》の歴史を再び人間がもたらしたとき、
天の父母様はどれほど胸を痛められたでしょうか。
それでも、変わることのない愛で、
人類の救いのために再びキリスト教文化圏をつくりながら、
二千年という長い歳月を通して、
再臨のメシヤ、救世主、真の父母の道を準備してこられた、
天の深い事情があったことを、私たちは知っております。

摂理歴史において、
韓国と日本が父母の国として、
天の父母様と人類の前に必ずや責任を果たし得る
今回の機会であることを切実に感じながら、

改めて今、この唐津の韓日トンネルの現場で、
天の父母様に懇切にお願いしますので、
これまで苦労した子女たちの願いを、
今や直接、天が共にある中で、
み意《こころ》のとおりにかなえてください。

今日、全世界において、先を予測できない、
未来のない暗澹《あんたん》たる現実ばかりが横たわっています。
ただ私たちだけが、家庭連合だけが、
真の父母を知って侍《はべ》る者たちだけが、
未来の人類にとって希望であり、
天の願いをかなえてさしあげることのできる、
唯一のあなたの息子、娘です。

そのことについて改めて深く、
天の父母様に感謝と頌栄《しょうえい》を捧げるとともに、
今後、あなたが直接主管する中で、
このプロジェクトを成し遂げるために
準備されたすべての人々を集め、
必ずやそのみ旨を成し遂げてくださるよう、
切にお願い申し上げます。

きょうはまた、天候においても
あなたが共にいてくださったことに感謝しながら、
真の父母のみ名によって祝願いたします。アーヂュ！

7

世界万民が孝情《ヒョヂョン》の心情で感謝と栄光をお捧げできるようにしてください

天地鮮鶴苑建立起工式
韓国・天地鮮鶴苑敷地
二〇一七年九月八日

きょうから、私たちはこの美しい清平《チョンピョン》に、あなたの夢と希望を人類に見せることのできる天地鮮鶴苑《チョンヂソナグォン》を建立いたします。

二千年前、

あなたは（それまでの）四千年という長い摂理路程を経て、
堕落した人類にメシヤ、独り子を送ってくださいました。
しかし、中心人物であるマリヤが責任を果たせませんでした。
ユダヤ教、イスラエル民族が責任を果たせませんでした。

独り子を送られたのは、
あなたの夢を成し遂げ、人類を前にして
真の父母の位置に進み出ることを願われたからでした。
しかし、途方もない苦難を経て探し立てた独り子を
十字架につけた当時の人々、イエスの弟子という者たち……。
キリスト教の二千年の歴史は、
イエス様の本質を知らず、天の摂理が分からない中で、
無知によって、つづられてきました。

イエス様は十字架で亡くなる状況の中で、
「再び来る」と言われました。
再び来て、「小羊の婚宴」をするというのです。
それが、天の父母様と共に人類の真の父母になるべき、
イエス様の使命でした。

しかし当時、
イエス様と一つになるべきだった群れが責任を果たせず、
さらには、イエス様が来られた痕跡を一つでも保存し、
歴史を前にして見せてあげられる、
そのような摂理ができませんでした。
恥ずかしいことです。

しかし、あなたの度重なる苦労と愛の中で、
（人間始祖の堕落以降）六千年を経て、
この韓民族を立てて独り娘を誕生させることにより、
人類の真の父母が誕生し、
新しい摂理、祝福によって、
世界万民がみな、天の父母様の子女として
進み出ることのできる道を開いてくださいました。
どれほど驚くべき、奇跡のような事実でしょうか。
しかし、いまだに世の中は
（そのことを）知らずにいることが、
残念でなりません。

それゆえ、私は真の父母の名で、
今を生きている人はもちろん、
未来の私たちの後孫、そして天一国《てんいちこく》の民として訪れる人々に、
真の父母様の愛、真の父母様の摂理を
鮮やかに見せてあげられる、
天地鮮鶴苑を建立しようと思います。

愛に満ちたもう天の父母様、感謝いたします。
無知に陥った人間をそれでも見捨てることなく、
導いてこられたあなたの苦労を前にして、
あまりにも申し訳なく、また、感謝する次第です。

天の父母様。

今や、真の父母様によって天一国を安着させられる、
あなたの夢を成し遂げられる基盤を築きました。

これが建立されることにより、
この民族が悟り、世界万民が
ますます孝情の心情で感謝と栄光をお捧げできるようになる、
その日に向かって、私たちは進みます。

天の父母様。
共にいてくだされば、私たちは必ずや、成し遂げます。
あなたの夢である、人類一家族、地上天国を実現いたします。

（この時間は）その日のための出発となります。

お父様、きょう全体を主管してください。このすべての内容を、真の父母の名によって、感謝し、祝願いたします。アーヂュ。

8

天の父母様を中心とした和合と統一の世界を成し遂げるアフリカとならせてください

アフリカ解放解怨式
セネガル・ゴレ島
二〇一八年一月十九日

敬愛してやまない天の父母様。
長く遠い日々を、あなたの息子、娘を探してくるご苦労と、
恨《ハン》の多い路程において、
無知な人間たちによって
何度も天を苦しめてきた歴史を私たちは知っています。

天の父母様、しかしあなたは、
最後まで私たちを捨てられません。
そして、あれほど望まれた、
この地に勝利された真の父母を探し出されました。
世界万民が真の父母によって生まれ変わるとき、
天の父母様が「私の息子だ、娘だ」と抱かれる
その喜びと歓喜の一日を記憶します。

天の父母様、今、きょう、
ここに真の父母、真の母、独り娘が来ました。
あなたの深いみ旨とイエス様の本質を知らない
キリスト教文化圏は、

今日このアフリカのゴレ島の悲痛な歴史を残しました。
「自分を愛するようにあなたの隣り人を愛せよ」と言われた
イエス様のみ言《ことば》はどこかに行き、
キリスト教の文化圏から
ここ、アフリカに来た宣教師たちは、
彼らの本質を忘れ、
皮膚の色が違うといって
人間として対することができなかった
歴史的なその恨多い歳月を
五百年余り耐えて待ってきた、このアフリカの民を
記憶してくださるようにお願いいたします。

愛する天の父母様。

きょう、真の父母の名前で、
今まで恨が染み渡ったこのゴレ島の霊たちを解怨成就して、
天の父母様が主管される天上の修練を通じて、
善霊として復活して地上の子孫たちに臨み、
天の父母様を中心とした
人類一家族の夢を成すことのできるアフリカとなり、
世界の前に光となり、灯火《ともしび》となり得る、
これ以上の葛藤と苦痛と戦争のない、
天の父母様を中心とした、完全に一つになった
和合と統一の世界を成し遂げるにおいて、
積極的に協助することを願いながら、
真の父母の名によって解怨成就します。アーヂュ。

9

天の父母様の夢をかなえるため、中断なく前進することをお約束します

文鮮明天地人真の父母天宙聖和六周年記念聖和祝祭・
二〇一八天地人真の父母孝情天宙祝福式
韓国・清心平和ワールドセンター
二〇一八年八月二十七日（天暦七月十七日）

敬愛申し上げます、真の愛の主人であられる創造主・神様、天の父母様。
どれほど苦労され、このひと日を待ち焦がれてこられましたか？

あなたには夢があって天地万物を創造なさり、
人間先祖になり得るアダム・エバを通して、
真の父母になろうとされました。
しかし、人間の堕落によって、
天の父母様は悲しくてつらい
蕩減《とうげん》復帰摂理歴史を展開されたのです。

それほどまでに苦労して立てた民族を通して、
二千年前に独り子、イエス・キリストを
送ってくださったにもかかわらず、
天の摂理が分からない無知な人間は、
再び、天を悲しませました。

イエス様を誕生させた中心人物たちがその責任をなし得ず、
十字架において亡くなるしかなかったイエス・キリスト。
「また来る」と語られた約束を残して、
また来て「小羊の婚宴」をするというのですから、
キリスト教の出発は、「また来る」と語った
メシヤを待つ切なる心を持って……。
聖霊の役事によってキリスト教は出発しましたが、
イエス様の本質が分からず、
天の父母様の切ない摂理が分からないのが、
今日のキリスト教の現実です。

苦労された天の父母様。
あまりにもあなたの前に畏れ多く、申し訳ありません。

二千年という長い時間を通して、
あなたは約束どおりこの民族を通して
独り娘を送ってくださいました。
そして一九六〇年に、独り娘は独り子に出会い、
真の父母の位置に上がりました。
しかしキリスト教は（真の父母のための）
環境圏になることができず、
どん底から三家庭を祝福して出発したのでございます。

堕落した人類は、
真の父母を通さなければ
天の父母様のみ前に進むことはできません。

真の父母は天の父母様の事情を知り、
人類の願いが分かるがゆえに
五十八年間、多くの祝福家庭を誕生させ、
彼らを通した二世、三世がきょう、この場で
善男善女として祝福を受けるのでございます。

天の父母様。
どれほど耐えて待ちながら、
この一日を待ち焦がれられたでしょうか。
不足ですが、
今や真の父母を通して、
天の父母様の前に進むことができる道が開かれ、
また新しい時代、新しい歴史の出発をもって

天一国《てんいちこく》が開かれたことを私たちは知っています。

きょう、この場で祝福される人たちだけでなく、
全世界で同参し、祝福されるすべての家庭と共に、
私たちは必ず天の父母様の夢、
真の父母様の願い、
人類の願いを果たします。

七十六億人類がみな、共にする、
天の父母様を中心とした
人類一家族の地上天国を成し遂げるために、
この瞬間から絶対信仰、絶対愛、絶対服従で
天に対する孝子・孝女、忠臣の姿となり、

責任を果たすことができる祝福家庭になることを宣誓します。
天の父母様、喜んでお受けください。

私たちは地上で命が尽きる日まで、
天の父母様の夢をかなえてさしあげるために、
中断なく前進することを、
あなたのみ前にお約束します。

このすべての祈りを真の父母の名で祈り、
宣布いたします。アーヂュ。

10

本当に誇らしく、正午定着し、一点のきずもない先祖たちであったと言える私たちとならせてください

天譜苑（現・天寶苑）奉献式
韓国・天宙清平修錬苑
二〇一八年八月二十八日

天の父母様、天地人真の父母様。
天一国《てんいちこく》六年天暦七月十八日、
きょう、私たちに施される恵みに、
天の父母様、天地人真の父母様、
あまりにも畏れ多く、かしこまります。

名もなく光もなく、
流れてしまうしかない堕落した人類を、
天の父母様は待ち望まれながら、
真の父母の顕現のための苦労多き路程を歩まれました。

特に選ばれたこの民族の中に、
天が記憶し得る多くの義人たちがいます。
不足な主君でしたが、
彼のために白骨が塵土《じんど》になって魂があろうとなかろうと、
主君に向かう一片丹心で、そのように真心を込め、
変わることなく、忠誠を見せたこの民族の先祖たちがいます。

天の父母様、天地人真の父母様。
いかにしてきょう、
私どもにこのような恵みを施されますか。
少ない精誠で、天が記憶し得る、
未来の後孫たちに誇ることができる、
「私の息子だった、娘だった」と抱こうとされる、
その大きな恵みの前に、あまりにもあまりにも不足です。

きょう、この天譜苑《チョンボウォン》を天の前に奉献し、
ここに登載され得る天一国の誇らしい勝利者が、
過去、現在、未来において天と全人類が見るときに、
一点のきずもない存在として、
そのような祝福家庭として、

責任を果たした家庭として、
霊肉界が一つになった、一点の揺らぎもない、
そのような基準を持って見るときに、
とても不足であることを感じます。

しかし、天地人真の父母様。
独り娘、真の母がいるがゆえに、
生が尽きるその日まで、
母と一つになって、
天が願われるその基準の前に
到達し得る私どもとなろうと、
より一層、一生懸命に精誠と努力を尽くします。

お父様、天の父母様、天地人真の父母様。
天上と地上が一つになったこの位置でお誓いいたしますので、
お納めくださいませ。

これ以後に展開するすべての日々の前に、
未来の後孫たちの前に、
「本当に誇らしく、正午定着し、
一点のきずもない先祖たちであった」と言える、
そのようなこの殿堂となり得るように、
すべてを聖別してくださり、
あなたが喜んでお受けくださることだけを
切に切に願いながら、
真の父母の名によってお祈り申し上げました。アーヂュ！

11

天には喜びと栄光を、地には自由・平和・幸福な地上天国を建設する神ジンバブエとならせてください

ピース&ファミリーフェスティバル・
　ジンバブエ孝情天宙祝福式
ジンバブエ・ハラレ
二〇一八年十一月二十一日

尊貴なる天の父母様！
きょうここに、祝福を受ける祝福家庭たちは、
この恨《ハン》多き復帰摂理歴史の
天の父母様、神様が流された血と汗と涙の結実でございます。

きょう、祝福を受けた人々によって
あらゆる誤った歴史が（正され）、
新たに始まる一日であることをお知りください。

天は、きょうのこの瞬間を、
どれだけ耐えながら、待ちわびてこられたでしょうか。

今や、この場所を始まりとし、
アフリカ全大陸が神様を中心とする
神アフリカ、神ジンバブエとなり、
天には喜びと栄光を、
地には、自由・平等・平和・幸福な
祝福家庭が生きる地上天国を建設することにおいて、

先頭に立ってくれることを、もう一度お願いしながら、
このすべてのみ言《ことば》を、真の父母の名によって、
祝願、宣布いたします。アーヂュ。

12

世界の前に手本となり、アジアの灯火《ともしび》となる国となるよう、育ててください

アジア太平洋サミット二〇一八ネパール祝福式
ピース&ファミリーフェスティバル
ネパール・カトマンズ
二〇一八年十二月二日

尊貴なる天の父母様！
六千年を経て
アジアで探し立てられた独り娘によって、
きょう真の父母の位置において、
これまで受難を経てきたこの民族を

解放・釈放し、祝福の恩賜により、
天の祝福を受けることのできるきょうこの場となりました。

特に全国の七百カ所の市長たちと、ここに集った千五百組が、
天の父母様の前に、真の父母を通して
祝福の子女として入門するこの時間ですので、
天よ、喜んでお受けください。

世界の人類が、「ネパールを見よ」と言うことのできる
祝福を受けた家庭として、
世界の前に手本となるこのネパールを祝福する場ですから、
天の父母様、今後、この国が
アジアの灯火となることのできる国となるよう、

育ててください。
ここに、責任を果たす祝福家庭となるよう、抱いてください。
このすべてのみ言《ことば》を、真の父母の名によって、
祝願、宣布いたします。アーヂュ！

13

天の父母様に侍《はべ》り、あなたの夢を成し遂げる神統一韓国とならせてください

神統一韓国時代開門汎国民祈祷会
韓国・清心平和ワールドセンター
二〇一九年一月一日

尊貴なる天の父母様！
天一国《てんいちこく》六年、限りない恩賜に、
感謝の心で敬拝をお捧げ申し上げます。

新たに迎える己亥《つちのとい》の年は、この国が祖国統一に向かう……。
一九一九年、己未《つちのとひつじ》の年三月、

キリスト教の民族主義者と学生たちが
世界の前に大韓独立万歳を叫んだその日から、
今年は百年を迎える年でございます。

この国の歴史を見るとき、
多くの義なる者、先駆者たちが国の独立を念願しましたが、
彼らの精誠と苦労が今日、
南北が一つになれなかった立場で、
政治や宗教、人間の力では
結実を見ることのできない時となっています。

摂理の完成のために、
特別にこの民族をはるか以前から

(天が) 抱き育ててこられた、
その歴史の真実を、
今日この民族は知らなければなりません。

これほどに統一韓国を念願してきましたが、
人間の努力では不可能です。
宇宙の主人であられる創造主、神様、天の父母様に侍り、
真の父母の祝福を受ける立場においてのみ
真正なる統一韓国(を成すことができ)、
世界万民が望む、戦争と葛藤のない……。
宗教の壁、文化の壁、人種の壁、
人間がつくったすべての壁を取り除くことのできる方法は、
ただ真の主人である創造主、神様、

その方の願いを、夢を成してさしあげる（ことであり）、
堕落した世界で完成した真の父母に出会わなければ、
神様の息子、娘になれない、
そのような位置であることを悟るようになる、
今日の人類になるように願います。

この国の、統一韓国においても、
天の父母様が主人になられてこそ、
これほどまでに長い間、念願した統一韓国、
韓民族のその夢が成就するのです。
天が選んだ民族としての責任を果たす、
そのような国にならなければなりません。
過去、天が見せてくださった歴史を通して、

私たちは必ずや、天が祝福された民族としての責任を果たす統一された韓国になり、
天の父母様に侍る神統一韓国になります。
そうしてこそ、この民族の未来があり、希望があるのです。

ここに集まった二万人余りの祝福家庭は、
今や私たちが天の前に約束した（ビジョン）二〇二〇に対して
一年しか残っていないこの年に必ず、
主人が、真の主人が誰であるのかを知る民として、
天一国の民として、祝福を受けた民族として、
天の前に責任を果たす民族となって、
世界の前に中心国家としての責任を果たす、
この国の民になることを願います。

天の父母様！
数多くの逆境と難局の中で、
この民族をつかんでこられた限りない愛と恩賜の前に、
心から感謝を申し上げます。

今、この民族は知らなければなりません。
摂理の完成において、
時を失ってしまう民族になってはいけません。

二千年前、（それまで）四千年の間、
育ててこられたイスラエル民族を通して
イエス・キリストを送られましたが、

その民族はイエス様の本質が分からなかったために、
イエス様を十字架に追いやるという
惨憺《さんたん》たる歴史をつくりました。

その民族はどうなったでしょうか。
責任を果たせなかった民族は二千年の間、
国のない民族としてさすらい、さまよう、
そのような蕩減《とうげん》を払った歴史を私たちは知っています。
天がこの間、あれほど苦労して準備された
人類の真の父母になり得る方を、
正しく迎えることができなかった民族の結果です。

天はこの韓民族を選ばれ、

摂理の完成を見ることのできる
独り娘を誕生させるための準備をなさいました。
受難の中において、それでも天をつかんできたこの民族の、
国のない民族としてのその苦痛を
天はご存じであられます。

しかしこの民族の前に、解放とともに訪れたのは、
南北が分断する民主と共産の（体制であり）、
韓国動乱（朝鮮戦争）を通して
この南の民主主義が無力とならざるを得ないときに、
天は奇跡のごとく国連軍を送り、
この南の民主主義を守ってくださいました。

それは、あなたの創造原則において
人間に成長期間を下さったので、
誕生した独り娘が成人するまで天が保護されたのです。

そして一九六〇年に真の父母の位置に進み出ました。
しかしキリスト教の基盤が環境圏になることができず、
どん底から出発して五十年余りを経て
全世界的な基盤を築くまで、
無限なる天のご加護とご苦労があったことに、
限りない感謝をお捧げ申し上げます。

あなたのみ旨は必ず完成を見なければなりませんので、
そこに責任を果たすことのできる真の父母は、

すべてのものを投入してきました。

今や二〇二〇（年）まで、一年を残したこの己亥《つちのとい》の年は、
十二支の最後の年として、
新しい庚子《かのえね》の年を出発できるそのときに向かって、
この民族が必ずや
天の祝福を受け入れて責任を果たすことのできる、
「さすが私の愛する息子、娘のいる、私の祖国だ」
と言える国にならなければなりません。

ここに集った祝福家庭たちは
死生決断、全力投球で、
必ずや天の父母様が願われる、

天の父母様に用いられるべきこの民族、
神様の祖国になるべきこの国が、
地上において見せてあげられる
神様の祖国としてそびえ立つことのできる国となれるように
教育しなければなりません。

祝福を受けない人が一人もいない、
完全に天の父母様が抱けるこの民族となれば、
何の心配があるでしょうか。

この民族が念願し、世界が望む
「天の父母様を中心とする人類一家族」のその夢を、
この民族を通して世界の前に見せてあげる、

統一家の誇らしいすべての祝福家庭になるように願います。

天の父母様！
あなたの限りなく大きな恩賜の前に、
不足ではありますが、最善を尽くし、
あなたの夢を必ず成してさしあげる大韓民国になることを、
天の父母様とこの民族と全世界の前に
祝願し、宣布いたします。アーヂュ！

14

私の生涯を終える日までに、天一国《てんいちこく》をこの地に定着させます

文鮮明天地人真の父母天宙聖和七周年記念式
真のお父様への書信
韓国・清心平和ワールドセンター
二〇一九年八月十七日（天暦七月十七日）

愛するお父様！
慕わしいお父様！
いつも共にいらっしゃるお父様！
お父様が天上に入城され、もう七年の歳月が流れました。

この天宙に、あなたが流された
汗と涙のしみ込んでいない所はありません。
きょうはひときわ、お父様が慕わしいです。

聖和《ソンファ》される前の一年、
お父様は九十歳を超えたお年であるにもかかわらず、
八回以上もアメリカに行かれましたね。
ご自分の健康は全く顧みず、
ただ世界と人類のために歩まれました。
「オンマ、この仕事を終わらせて時間ができたら、
少し休もうね」と言われた言葉は、
ついに地上では、かなうことがありませんでした。
昼夜を分かたず、休まずに歩まれたお父様。

私もまた、そのようなお父様に侍《はべ》って生活しながら、生涯、三時間以上眠った日がありませんでした。


二〇一二年、暑夏。

最後、病院に入院するときも、
お父様は「まだすべきことが多いのに、病院で時間ばかり過ごしてどうするんだ！」と、入院を勧めた人たちをむしろ叱られましたね。

まだすべきことが、たくさん残っていました。

そして急いで天正宮《チョンヂョングン》（博物館）に戻り、

「きょうはオンマとふたりで向かい合って食事をしたいね」

とおっしゃったでしょう。

そのとき、周りの食口《シック》たちはとても不思議に思ったはずです。

いつも私と一緒に座り、食事をされていましたから。

その日、お昼の食膳を前にされたお父様は、
さじを持とうともせずに、
私の顔だけをじっと見つめていらっしゃいました。
お父様の心の中に、
私の顔を刻みつけていらっしゃったのでしょう。
私はほほ笑みながら、お父様の手にさじを取ってさしあげ、
おかずを召し上がっていただきました。
そして、そのお姿をじっと見つめました。
私も、お父様のお顔を胸に刻みつけたかったのです。

ひときわ強い日差しが照りつける中、

お父様は人の背丈以上のとても大きい酸素ボンベと共に、
清平湖《チョンピョン》と清心中高等学校《チョンシム》をはじめ、
清平団地をすべて見て回られました。
そして天正宮（博物館）に戻り、
「天よ、祝福してください。終わりを結べるように
許諾してくださることをお願い申し上げます」
という祈祷をされました。
その後、録音機を持ってくるようにおっしゃり、
「復帰摂理の使命をすべて成し遂げた」という最後の祈祷を、
私と一緒に捧げられました。

「オンマ、ありがとう！　オンマ、頼んだよ！」
お父様は息苦しそうにされながら、

「本当にすまない。本当にありがとう」

と、続けて話されました。

私はお父様の手をさらに固く握りしめ、
慰労の言葉と眼差《まなざ》しで、
安心していただけるよう努めました。

「何も心配しないでください」

お父様はそのようにして、天の父母様の懐に抱かれました。

天聖山《チョンソンサン》の本郷苑《ポニャンウォン》で眠りに就かれました。

お父様の聖和後、
私は明け方になれば、本郷苑に上がりました。
秋には激しい風が吹き荒れ、
冬にはぼたん雪が降り積もります。

休むべき理由と言い訳はいくらでもありましたが、
一日も欠かさず、夜明けとともに本郷苑に上がりました。
聖和後四十日間、朝夕に、霊前に食事を捧げ、
お父様が恋しくなれば、本郷苑まで何度も往復しながら、
お父様と多くの会話を交わしましたね。
そうして、お父様のお考えが私の考えになり、
私の考えがお父様のお考えになりました。

暖かな日差しの日、
風が吹く日、
突然雷が鳴りどしゃぶりの雨が降る日、
ぼたん雪が空を真っ白に覆う日……。
それでも私は、お父様の聖和後、千九十五日間、

一度も侍墓《シミョ》を欠かしませんでした。
また、一九七〇年代にお父様が歩まれた
アメリカのラスベガスからニューヨークまでの
五千六百キロを横断し、
お父様と一緒に登ったアルプス山脈の十二の峰に登りました。
そうして、お父様と約束した
「草創期の教会に返り、神霊と真理で教会を復興させる」
という決意を固めました。

聖和三周年に私は、
これからお父様が、
今まで孤独であった天の父母様を慰労してさしあげ、
頌栄《しょうえい》の対象として自由の身となられることを切に願いました。

そしてお父様のために、天の父母様のために、
二〇二〇年までに七カ国の国家の復帰を
勝利することを決意しました。

東から西、南から北に、
私は世界を抱くため、休む間もなく巡回しました。
口の中がただれ、
足がむくんで立っていることさえできない困難がありましたが、
私は休むことができませんでした。
お父様との約束、
「み旨がどれほど大変でも、私の代で終わらせる」
という約束を守るためでした。

「必ずや私が成してさしあげる。
そのために、私は変わることなく歩む」と、
数え切れないほど自らに言い聞かせながら、生きてきました。
胸が締めつけられるほどあなたが恋しいときは、
月を友として言葉を交わし、
お父様のご聖体を前にして誓った約束、
「私の生涯を終える日までに、天一国をこの地に定着させる」
という決意を繰り返し固めながら、生きてきました。

そのように生きてきたところ、
お父様、もう聖和七周年になりました。

お父様はご存じですよね。

お父様の聖和後は、本当に言葉では言いようのない、
「私だけが残りました」という立場でした。
荒漠な砂漠に砂嵐が吹き荒れ、
目を開けることもできない環境で、
小さな針一つを探さなければならない心情でした。
しかしお父様、私は探し出しました。
探し出さなければならなかったのです。

「二〇二〇年までに七カ国を必ず復帰する」という私の決意、

「すべての祝福家庭を神氏族メシヤとして天寶苑《てんぽうえん》に入籍させる」

という私の決意は、
お父様のための、私の贈り物です。

この贈り物が、

そして天の父母様に対するあなたの孝情《ヒョジョン》の生涯が、
全世界に希望の光となることをお祈りします。
お父様、愛しています！
お父様、愛しています！

15

神サントメ・プリンシペを導く祝福家庭とならせてください

二〇一九サントメ・プリンシペ孝情真の家庭祝福式
サントメ・プリンシペ・国会議事堂
二〇一九年九月六日

尊貴なる天の父母様！
あなたは、どれほどこの一日を待たれ、耐えてこられたでしょうか。
あなたは、人類をあなたの子女として抱き、愛し、共にいようとなさいました。
しかし、人間始祖アダムとエバが堕落することによって、

あなたは六千年という長い歳月の間、

「いつ、愛する私の息子、娘を抱くことができるのか」

と、気をもみながら待ち続けてこられました。

永遠なるあなたの創造理想は、
堕落した人間の中から勝利した真の父母が現れてこそ、
成すことができます。
真の父母が来るまで、
どれほど曲がりくねった多くの事情を抱き、
耐えてこられたでしょうか。

天の父母様！

きょう、新たに祝福を受けた六百組余りが、

今やあなたのみ旨を知り、
真なる子女として真なる家庭を築いて、
あなたが願われた本然の理想を成そうと決心する瞬間です。
真の父母は六十年余りの間、多くの祝福家庭を輩出しました。
全世界において祝福家庭が
創造主、神様に侍《はべ》って暮らしています。

きょう、祝福を受けた六百組余りが、
国の未来において、
天の父母様が共にある神サントメ・プリンシペを導いていく
祝福家庭であることを自覚できるよう、お導きください。
彼らがために生きる真の愛を実践躬行《じっせんきゅうこう》するならば、
神サントメ・プリンシペは、

あなたが抱き、祝福したいと思う国となるはずであり、
アフリカ大陸において
天の父母様に侍って暮らす国として、
見本となることでしょう。

天の父母様！
きょう、祝福を受けたあなたの息子、娘を記憶してください。
これから、彼らがみな、あなたが記憶できる
誇らしい生を生きる祝福家庭となれるように
導いてくださることを切に願い、
このすべてのみ言《ことば》を真の父母の名で、
祝福、宣布いたします。

16

神アルバニアとなり、新たな選民家庭として出発するこの場を記憶し、祝福してください

真の家庭祝福祝祭および平和祝福式
アルバニア・ティラナ
二〇一九年十月二十七日

感謝してやまない、天の父母様！
あなたの子女として祝福を受ける
一万二千組を代表した千二百組が天のもとに集い、
祝福されることを感謝申し上げます。

悲惨な歴史を経たこの国を思い、
あなたが抱かれることで、
天の父母様に侍《はべ》る「神アルバニア」の新時代を切り開く
祝福家庭が誕生します。

歴史上、悔しさを抱いて亡くなっていった先祖たちが、
この瞬間に恨《ハン》が解かれ、
祝福を受けた子女たちを通して
霊界と地上で天の父母様の摂理を完成するために、
最善を尽くすことを知っています。

天の父母様が共にあられる神アルバニアで、
未来への希望を持ち、

新たな選民家庭として出発するこの場を記憶し、
祝福してください。
このすべてのみ言《ことば》を、真の父母の名で
祝願、宣布いたします！

17

アジアの中心国家、神カンボジアとして祝福します

ユース＆ファミリーフェスティバル
カンボジア・プノンペン
二〇一九年十一月二十日

尊貴なる天の父母様！
あなたは夢を持って、人間を創造されました。
堕落した人類を再び復帰してくる救援摂理歴史は、
あまりにも苦しく、困難なものでした。
しかし、あなたは愛なる父母であられるので、
堕落した人類を見捨てはせず、

勝利した真の父母が顕現する時まで、
耐え忍びながら、摂理してこられました。

きょうカンボジアで、
あなたの血族として入籍することのできる
祝福家庭が誕生いたします。
特にこの国は、人間の無知と間違った思想によって、
多くの善なる民が残酷なかたちで血を流した国です。

天の父母様！
無知な人間の行動をご覧になるとき、
どれほど苦しかったでしょうか？
どれほど耐えられたでしょうか？

しかしあなたは、真の父母を通して
この民族に、祝福の恩賜を下さっています。

愛なる天の父母様！
感謝申し上げます。
きょう、祝福を受けた彼らが、
天の前に氏族メシヤの責任を果たすことにより、
過去に、暗鬱だった歴史の中で
犠牲となった先祖を解怨するようにし、
未来において、
この国の主役となることのできる青少年を
正しく養育するようにしてください。
天の父母様のみ見つめる、一片丹心、

ひまわりのような姿勢で整列した
祝福家庭、子女となれるようにしてください。
天の祝福を永遠に受けることのできる機会を
準備してくださった恩賜に、
心から感謝申し上げます。

天の父母様！
真の父母はきょう、
カンボジアを「神カンボジア」として祝福いたします。
天の伝統を美しく奉ずる民族として、
アジアにおいて先の者として
責任を果たすこの国となることを、
真の父母の名で祝願、宣布いたします。アーヂュ！

18

天の祝福を広める家庭として、人類の前に手本となり、誇りとなる祝福家庭とならせてください

孝情文化真の愛家庭祝福祝祭・孝情祝福式
台湾・台北
二〇一九年十一月二十三日

天の父母様、感謝いたします！

きょうこの日まで人類を探し求めてこられた、救援摂理の六千年という長い歳月の中で、幾度となくさまよう人類を見つめるたびに、（神様は）どれほど残念に思われたでしょうか？

摂理の完成のため、
二千年前のイエス様の十字架後、
（キリスト教は）イタリア半島からヨーロッパ大陸を越え、
大西洋文明へ向かいましたが、
彼らは天の父母様の本質を知らず、
イエス様の本質も分からない状態で、
略奪する文明圏を築きました。

しかし、今や摂理が完成する大韓半島（朝鮮半島）に
真の父母が誕生することにより、
人類歴史は新たな希望に向かっております。
このような時に、特にここ台湾で、

天一国《てんいちこく》の国民を祝福するこの場は、
人類歴史が巡り巡って、今、
大韓半島における摂理の完成を前にして、
台湾が世界に広がる華人たちと一つになり、
真の父母を中心とした祝福結婚を通して、
天の国民としての資格を備える神聖な瞬間です。

台湾がアジア圏の国全体を一つに束ねることのできる
中心に立ったことを知って、
きょう、天が共にある、この祝福を受けた家庭は、
天一国の国民として氏族メシヤの責任を果たし、
摂理の完成を助けることのできる
誇らしい長女の立場にいることを肝に銘じなければなりません。

天の祝福を広める家庭として、
永遠の世界へ向かう人類の前に手本となり、誇りとなる、
責任を果たす美しい祝福家庭として抱いてくださるよう、
真の父母の名によって懇切に願い、宣布いたします。アーヂュ！

19

二度と天を孤独にさせることのない、孝子・孝女の祝福家庭とならせてください

二〇一九アフリカ大陸サミット
およびび孝情家庭祝福祝祭
南アフリカ・ヨハネスブルグ
二〇一九年十二月七日

尊貴なる天の父母様！
このアフリカ大陸は、
大西洋文明圏を通して〝あとの者〟でした。
抑圧と人権蹂躪《じゅうりん》によって、
到底言葉にすることのできない苦痛を受けた歴史を持ち、

天がご覧になるときに、
あまりにもかわいそうな大陸でした。

しかし、天は摂理の完成のために、
一九六〇年に真の父母を誕生させられ、
堕落した人類が天の父母様の子女として進み得る祝福を通して、
あなたの子女たちを育ててこられました。

特にこのアフリカ大陸では、
幾多の預言者と国々の王、族長たちが、
天の父母様に侍《はべ》る平和の日を念願してきました。

ここは、アフリカ大陸の五十四カ国から、

あなたの子女として入籍するために集まった
祝福家庭が誕生する場です。
二度と天を孤独にさせることのない、
孝子・孝女の祝福家庭となることを誓う場といたしますので、
天の父母様、喜んでお受けください。
このすべてのみ言《ことば》を、真の父母の名で
祝願、宣布いたします。アーヂュ！

20

天一国《てんいちこく》の天寶《てんぽう》の民となる、誇り高いあなたの子女たちを記憶してください

天寶特別恩赦のための原聖酒に対する祝祷
韓国・天正宮博物館
二〇二〇年一月二十八日

尊貴なる天の父母様。
あなたには夢があり、
天地万物をご自身のかたちに似せて創造され、
最後に人間始祖となり得る男性と女性を創造され、
彼らが責任を完成し得る一日を待ってこられました。

しかし、そうなり得ず、
天の父母様の夢は六千年という、
はるか長い歳月を通して、
失った子女を探してこられるご苦労の路程、
蕩減《とうげん》復帰救援摂理の歴史として導かれるしかなかった
天の事情を真の父母は知っています。

六千年を経て、
この地に摂理の完成を見ることができる独り娘を誕生させ、
「また来る」と言った再臨のメシヤ、
キリスト教の摂理を完成し得るメシヤが来られました。

それにもかかわらず、
いまだに真の父母のために準備したキリスト教の環境圏は、
摂理の前に一つになり得ない立場にいますが、
真の父母であるがゆえに、
天の切に待ち続けられた事情を知っていたために、
一九六〇年の聖婚を通して、
堕落した人類を（救うために）、
真の父母が重生復活の祝福の役事を始めることによって、
今日、全世界的に多くの祝福家庭が誕生しました。

さらに、お父様の聖和《ソンファ》後七年間の摂理路程において、
独り娘・真の母が天の前に約束した
国家の復帰のその基準を完成した位置において、

今や全世界の祝福家庭たちに、
祝福家庭としての責任を果たしたという、
そのような位置を備えてあげるために、
天寶の役事が始まりました。

天の父母様。
どれほど、待ち望まれ、耐え忍んでこられましたか？
今や天寶に登載された祝福家庭たち、
あなたが直接抱いて治め得る
天寶を完成した祝福家庭が、
天一国の民として堂々と、
この国と世界の前に見せてあげられる
祝福家庭が数多く誕生し得るようにというご加護の前に、

真の父母は大きく感謝と頌栄《しょうえい》をお捧げいたします。

天の父母様。
今やこの祝福家庭の責任を完成した子女たちが
真の父母と一体となったこの聖酒式を通し、
地上はもちろん、
永遠なる天上世界に天の父母様が抱き得る誇り高い子女として、
孝子・孝女、忠臣の隊列に立ち得る機会を
許諾してくださることに、心から感謝申し上げます。

天の父母様。
今や彼らが一つの家庭で、氏族で終わるのではなく、
世界に向かって進み得る道を開いてくださったことを

感謝いたします。
天一国の天寶の民たちとなるのでございます。

天の父母様。
この誇り高いあなたの子女たちを記憶してくださり、
あれほど待ち焦がれられたあなたの夢、
あなたの願いを一日も早く全世界的に成されて、
「みな成した。ありがとう」というその一日を迎え得る、
その日に向かって前進する、
天寶に入籍した祝福家庭たちとなることができるように、
より一層の激励とご加護が共にあらんことを切に切に願い、
真の父母の名で祝願し、宣布いたします。アーヂュ！

21

祝福家庭として責任を果たして天寶《てんぽう》に入籍する、誇らしい天一国《てんいちこく》の民の誕生を喜びお受けください

天地人真の父母天宙聖婚六十周年記念・
二〇二〇天地人真の父母孝情天宙祝福式
韓国・清心平和ワールドセンター
二〇二〇年二月七日

ありがたく感謝であられる天の父母様。
天一国八年を始め、
きょうこの場で祝福を受ける善男善女たちと、
天寶に入籍する家庭たちと、世界の祝福家庭たちが、
きょうこの場に霊肉界を代身して共に参席しています。

天一国安着を宣布した後、
真の父母様の四位《よんい》基台を霊界と肉界に、
三代圏を通して実体で四位基台を成し、
天一国の明るい未来を全世界に見せてあげるこの日を特別に、
天の父母様がどれほど、どれほど
待ち望んでこられたでしょうか！
あなたの限りないご苦労と愛の前に、
真の父母は身の置き所がありません。

愛する天の父母様、
今やあなたが直接治め得る
天一国の民がたくさん増えていますので、

天よ、これまで尽くし切れなかった愛を、
きょう祝福を受けるこの人たちを通して……。
より祝福家庭として責任を果たして天寶に入籍する、
誇らしいあなたの天一国の民が誕生しましたので、
喜びお受けください。

きょうのこの行事があるまでお守りくださった
天の大きな愛の前に、真の父母は感謝、感謝し、
天の前に栄光をお返ししながら、
このすべてのみ言《ことば》を真の父母の名で
祝願、宣布いたします。アーヂュ。

22

天の父母様の前に賛美、頌栄《しょうえい》、喜びと感謝を捧げてうたう園となるよう、祝福してください

スカイウォーク奉献式および
発旺水ガーデン・テープカット式
韓国・龍平リゾート
二〇二〇年七月十七日

尊貴なる創造主、天の父母様。
あなたが天地万物を創造し、人間を創造されるときに抱かれた、
大きな愛の恩賜がありました。

あなたの創造原則に従って、
万物世界は永存する道に進んでいますが、
今日の堕落した人間の世界は無知に陥り、
創造目的を知らずにいます。

万物、自然に対する、
到底言葉にできないほどの人間の利己主義によって、
あなたが夢を成し遂げようとされた、
美しい生命が宿るこの地球星に……。
今日の科学者たちは、
「人間の無知と無秩序な自然破壊により、
この地球の生命に限界が来ている」と語っています。

愛する天の父母様、どれほど待たれたことでしょうか?
この地上に、天の父母様の摂理を完成してさしあげる人間、
勝利した人間始祖である真の父母が現れるまで、
あなたは限りなく耐え忍んでこられました。

特に、六千年を経て、
この韓半島を通して真の父母を送ってくださいましたが、
環境が整わず、六十年という歳月の間、
天の父母様をお待たせするという結果になり、
人間はとてつもない親不孝をしました。

真の父母によって天の父母様の存在を知るようになった、
この地の、あなたによって生まれた祝福の子女を通して、

摂理の完成を出発し、安着する段階にいるこの時、
特にきょう、この発旺山《パルアンサン》の美しい自然を見ながら、
六千年前に創造主であるあなたが、
人間を通して共に地上天国をつくろうとされた、
その哀切なる事情をもう一度、胸深く痛感しながら、
あなたの限りない愛の前に感謝、感謝いたします。

特に、自然を祝福されたこの場にあなたの愛する息子を立て、
ここに従事する役職員全体が一つとなり、
あなたの摂理に、あなたが夢見た
その美しい地上天国に向かって進むことのできる
絵を描くに当たって、
与えられた環境で最善を尽くし、

郵 便 は が き

おそれいりますが切手をお貼りください

150-0042

（受取人）
東京都渋谷区宇田川町 37-18
トツネビル 3 F

（株） 光言社
愛読者係 行

フリガナ お名前	歳	性別 男・女
ご住所 〒 お電話（　　　）　　　— E-mail :		
ご職業　1. 会社員　2. 公務員　3. 自営業　4. 自由業　5. 主婦 6. 学生　7. その他（　　　　　）		

光言社・愛読者カード

今後の出版企画の参考にさせていただきますので、お手数ですが、ご記入の上、投函してください。抽選で毎月10名の方に粗品をお贈りします。ご感想は、右のコードでも受け付けております。

お買い上げいただいた書籍名（お買い上げ日　　月　　日）

本書を何でお知りになりましたか

- □ 広告を見て（紙誌名　　　　　　　　　　）
- □ 人に勧められて（　　　　　　　　　　）
- □ 書店で見て
- □ ホームページを見て
- □ ポスターを見て
- □ 当社からのFax案内を見て
- □ その他（　　　　　　　　　　）

●本書の感想をお聞かせください（この項は必ずご記入ください）

●今後、どのような本を読みたいと思いますか

ご感想やご要望は、ホームページなどでお客様の声として匿名で紹介させていただくことがあります。ご了承ください。

＊光言社オンラインショップ　https://www.kogensha.jp/shop/

きょう、このような作品を造れるように導いてくださった（天の）父母様、感謝いたします。愛しております。

これから、生命水、この孝情《ヒョヂョン》水を飲みながら、あなたの前に深い忠孝の道理を尽くそうと誓って、決心するこの民族、全世界の人類がここを訪ねてきます。遠大な創造目的を完成させるこの事業におきまして、最善を尽くしたあなたの息子、娘を覚えてください。ここにおいてすべてのことがしっかりと仕上がるまで天が共にいてくださり、さらに大きく、これまで……。

これから人類に希望を（見せ）、

創造主、天の父母様が私たちと共にいらっしゃるという証拠を
示してあげられるこのＨＪモナパークとなり、
世界のすべての民がここに向かって列をなして集まってきて、
天の父母様の前に賛美、賛美、頌栄、喜びと感謝を捧げてうたう、
聖なる美しい園となれるよう、
天の父母様、祝福してください。
すべてのみ言《ことば》を、真の父母の名によって
お願い申し上げます。アーヂュ。

23

天一国《てんいちこく》完成に向かって走っていき、変わらない祝福家庭とならせてください

天地人真の父母様ご聖婚六十一周年記念・
二〇二一天地人真の父母様孝情天宙祝福祝祭
韓国・清心平和ワールドセンター
二〇二一年四月二十五日

尊貴なる天の父母様！
七十八億という人類について見るときに、
彼らの方向を定めてあげて祝福の位置まで導くべき責任を、
祝福家庭たちと真の父母が地上にいる間に
必ずやり遂げなければなりません。

聖婚六十一周年を迎え、
新たな出発を始める日でもあるこの日、
全世界に未婚六千百組を天の父母様の名のもと、
真の父母が祝福することにより、新しい祝福家庭が誕生します。
この者たちが国と世界の前に与えられた責任を
果たすようにしてくださいませ。

本日、ここで祝福を受けたあなたの子女たちは、
天の前に感謝と頌栄《しょうえい》を捧げることはもちろんのこと、
この者たちが、責任を果たすことによって
天の父母様の夢と人類の願いの成就が
繰り上げられることを理解し、

すべての面で責任を果たさなければなりません。
そのような位置が、国と世界の前に大きく、
とこしえに歴史に残り得る英雄、
忠臣の位置になることを肝に銘じ、
その唯一の道を走っていこうと決心する
この場であることを知っているので、
天の父母様、喜んでお受けください。

この者たちは、天の父母様の夢と人類の願いである、
天の父母様のもとの人類一家族の
天一国完成に向かって走っていき、変わらないことでしょう。

真の父母は天の父母様の前に感謝と頌栄を捧げ、

この者たちが責任を果たすことを信じて、
このすべてのみ言《ことば》を真の父母の名で
宣布し、祝願申し上げます。アーヂュ。

24

天の父母様に侍《はべ》り、国を治め導いていく中心人物とならせてください

天苑宮上樑式
韓国・天苑宮建設現場
二〇二一年四月二十七日（天暦三月十六日）

感謝申し上げます、天の父母様、
ありがたき天の父母様！
あまりにも長くお待たせしました。
胸ときめくこの一日を迎えるまで、

六十年という歳月を経て、聖婚六十一周年を迎える本日、
初めて天の父母様に侍り得る聖殿を地上に奉献できる
「上樑式《サンニャン》」を挙行することになりました。

太初に創造主はこの美しい春の季節、
天地万物が和動し応える美しい季節に、
地上において真の子女を率いられ、
希望あふれる未来を設計する夢を抱かれました。

しかし、責任を果たすべき人間始祖は、
天の父母様の祝福を受ける位置まで
進みゆくことができませんでした。

そして六千年というあまりにも長い歳月、
天の父母様は人類を尋ね求めて、
苦痛と悲しみの恨《ハン》多き蕩減《とうげん》復帰救援摂理歴史を
導かざるを得ませんでしたが、
ついに地上で、天の父母様の夢をかなえてさしあげる、
完成した人間、真の父母が
韓半島を中心として一九六〇年に誕生しました。
しかし、天の摂理の環境圏になるべきキリスト教の無知により、
（韓民族は）真の父母の環境圏になることができませんでした。

二千年前、天はイスラエル民族（ユダヤ民族）を選ばれ、
四千年というとても長い歳月を通して
苦労してこられた土台の上に、

独り子イエス・キリストを送ってくださいましたが、
その民族はイエス様を受け入れることができずに
十字架に追いやってしまいました。
イスラエル民族は二千年間、
国のない民族として
孤独にさまよいながら、生きながらえてきました。

本日この場で私は、この民族（韓民族）の前に警告します。
それほどに忍耐し、待ってこられ、
人類を抱こうとされた天の父母様の事情の前にあって、
さらにこの民族は真の父母を誕生させた民族として、
摂理の中心祖国になり得る位置にあります。

この国に責任を負っている人々、
この民たちは知らなければなりません。
最後に天の祝福に逆らう位置に立つとき、
この民族には希望がありません。
この民族が願う統一韓国は、
天の父母様に侍る位置でのみ可能なのです。

この聖殿が完工する時が、
天の父母様が夢見られた、
地上に真の父母と共に安着される時であることを
知らなければなりません。

この国の為政者はもちろんのこと、

世界のすべての国の責任者たちが、
今日世界で起きているすべての難問題を解決するためには、
この場に来てひざまずき、
天の矜恤《きょうじゅつ》と知恵と祝福を受けなければならないことを
知っております。

私はこの民族の前に、強く求めます。
天の祝福を受け得る
この民族とこの国、この民にならなければなりません。
天一国《てんいちこく》の（民としての）資格を備えた祝福を受けた者として、
この国を治め導いていく中心人物になることを懇切に願います。
その道だけが、今日、この国が世界の前に
中心国として堂々と進むことのできる道であり、

天の祝福を受ける道であることを知らなければなりません。
きょうここに参加したすべての指導者と家庭は、
これ以上、天の前に不孝、不忠の子女になってはなりません。
これ以上、天を悲しませてはなりません。
天の加護と祝福を望むならば、
天の父母様を正しく知って侍ることだけが、
この国と人類が進みゆく道であることを
肝に銘ずるように願います。

きょう、この上樑式をするまでに、
長い時間がかかりました。
私はあまりにも興奮し、感謝しております。

きょうから二〇二三年に奉献するときまで、
天の父母様がすべてのことを主宰される中で、
役事しながら保護してくださることを懇切に願いながら、
真の父母の名でお捧げ申し上げます。

25

真の母と一つとなり、あなたの夢、人類の願いを成し遂げる誇らしい息子、娘とならせてください

天地人真の父母様天宙聖婚六十二周年記念・
二〇二二天地人真の父母孝情天宙祝福祝祭
韓国・ＨＪグローバルアートセンター
二〇二二年四月十六日（天暦三月十六日）

きょう世界七十カ国でこの場に参加している二千百組が、
尊貴なる天の父母様に共に侍《はべ》り、
天一国《てんいちこく》の民としての責任と召命を全うする、
あなたがそれほど愛し、抱きたかった
孝子・孝女、忠臣の家庭になることができるように

祝福してくださいましたことを、
無限に感謝、また感謝し、栄光をお捧げ申し上げます。

愛する天地人真の父母様！
人類を抱くために、どれほど苦労されたのでしょうか。
今や父母様の苦労によって天一国が安着し、
新しい歴史の春風が吹くこの時に、
きょうあなたの祝福を受けて出発する祝福家庭は、
必ず、あなたが人類に施そうとなさるその夢を、
実体的に成さなければなりません。

私たちの家庭を通して、氏族と国を経て、世界において
「天の父母様のもとの人類一家族の夢」を成すことのできる、

このとてつもない祝福を受けたこの日、
私たちの一生において一番の黄金期に、真の父母様と共に、
この大役事《だいやくじ》に一緒に同参し得るきょうとなり、
出発することのできるこの時間を許諾してくださいましたことに、
心より感謝申し上げます。

天の父母様、愛する真の父母様、
これから私たちを信じてください！

必ず独り娘、真の母と一つとなり、
あなたの夢、人類の願いを成し遂げてさしあげる
誇らしい祝福家庭の息子、娘になることを、
何度も決心して実践躬行《じっせんきゅうこう》する私たちをご覧になり、

お喜びになってください。
このすべてのみ言《ことば》を
真の父母の名で祝願し、宣布申し上げます。

26

どのように天に侍《はべ》り、天の摂理において一つとなるかを見せてください

発旺山ＨＪモナパーク
「千年樹アララギ森の道」奉献式
韓国・龍平リゾート
二〇二二年六月十三日

尊貴なる天の父母様。
失った子女を探し求めてきた歩みは、
どれほど大変で寂しかったでしょうか。
きょう、発旺山《パルアンサン》でこの日を迎え、
あなたが数えきれないほど

「救いなさい、探しなさい」とおっしゃったそのみ意《こころ》を、
深く推し量る次第です。

発旺山のモナパークを中心とするこの場において、
子女は、これまで天がこの一日のために準備してこられた
実質的な記録の歴史を、きょう探し出し、
天の前に奉献いたします。

喜びと感謝のこの日まで、
あなたの創造理想の実現のため、
その遠大で美しい夢をかなえるために、
どれほど苦労してこられたでしょうか。

その夢があったので、
（イエス様から）二千年を経てこの地に独り娘を送り、
真の父母としての摂理を展開する過程において、
天はどれほど焦りながら待ってこられたでしょうか。

ついに新たな摂理を出発し、
天一国《てんいちこく》、基元節を宣布して、
天一国安着を大陸次元において、
今やこの民族が天の前に忠と孝を
果たすことのできる機会を下さいました。
無知な人間に、天がこれまで、
どれほど慕いながら失った子女を探し、
苦労してこられたかを教え、

このモナパークの自然を通して、
再び天の前に感謝と栄光をお返ししなければなりません。

天が待ち、
きょうこの時点で見せてくださったこの自然の驚異の中で、
どのように天に侍り、
天の摂理において一つとなるかを、
私自身と子女のもとに見せてください。
そのように、変わることなく、
真の父母を通して真の家庭、天寶《てんぽう》、天一国の民、
さらに全世界の民となり、
この一つの場所を通して天の深い愛を知り、
天に侍る「私」と家庭と国となります。

いかに困難な逆境が押し寄せても、
必ず天が共にいらっしゃることを見せてくれる
この美しい園の自然を通して、
特に、千年樹の道を通して、
多くのことに気づき、教育を受け、実践する、
美しい生活を営むことができるのです。

この場が、どれほど天における栄光であり、
人類における大きな祝福であるかを
実感するきょうとなったことを、天の前に感謝し、
奉献、宣布いたします。アーヂュ。

27

全人類を天の父母様の懐に導くことができる祝福家庭となるよう、知恵と能力を与えてください

天地人真の父母傘寿宴および
　二〇二三天地人真の父母孝情天宙祝福祝祭
韓国・ＨＪグローバルアートセンター
二〇二三年五月七日

尊貴なる天の父母様！
きょうは、天の父母様が六千年間、
失った子女を探してこられたご苦労の路程の中で、
六千年目にこの地に、真の父母によって、
あなたの懐に抱くことのできる

祝福（を受ける）子女たちがたくさん誕生しました。

特別にきょう、
天の父母様が夢見られたように、
地上で直接主管される中、
全世界で八千組余りが、
ここワールドセンターをはじめとして、
百五十カ国余りの善男善女たちと
祝福家庭が祝福を受けるこの日は、
摂理史と人類歴史において初めて迎える、
天の父母様が直接主管される
祝福の日であることを思うとき、
天の父母様、感謝いたします。

きょう祝福を受ける八千組余りが責任を果たす中で、
早い時期に八十億人類を天の父母様の懐に導くことができる、
天が記憶する誇らしい祝福家庭たちとなるよう、
より一層期待されて、知恵と能力を与えてください。

必ず天の父母様の前に孝子・孝女、忠臣の道理を果たす、
天一国《てんいちこく》の誇り高い祝福家庭となることを約束いたしますので、
天の父母様、喜びをもってお受けください。
このすべてのみ言《ことば》を、真の父母の名によって
祝願、宣布いたします。アージュ！

28

天の父母様の栄光を高々と掲げ得る天苑宮《チョヌォングン》・天一聖殿を喜んでお受けください

天苑宮奉献式
韓国・天苑宮本館前
二〇二三年五月七日

愛する天の父母様！
この一日を、どれだけ長い時間待ち、
耐え忍んでこられたことでしょうか。
あなたの創造理想を完成させることのできる、
真の父母の顕現と真の父母の路程が、

六十三年を経てまいりました。

天の父母様!
あまりにも申し訳なく、恐縮する心を禁ずるすべがございません。
天の父母様、しかし、喜んでお受けくださいますように。

この一日を迎えるまでに多くの困難がありましたが、
それでもこの日を、天が祝福される中で、
天の父母様の栄光を高々と掲げ得る
天苑宮・天一聖殿を奉献できることに、
あまりにも心が高鳴り、興奮し、
感謝の気持ちは、到底言葉で言い表すことができません。

天の父母様、喜んでお受けくださいませ。
いまだに不備な点がございます。
しかし、来年二〇二四年（予定）の入宮式には
すべての面で完璧に整理、整頓した中で、
天の父母様が直接、真の父母と共に、
地上で摂理を始めることのできる環境圏を
より大きく広げるために、
最善の努力をいたします。

天よ！
知恵を与えてくださり、能力を与えてくださって、
あなたの望みに呼応でき、
あなたが抱いて愛することのできる天一国《てんいちこく》の民が、

世界の至る所で立ち上がり得る祝福の一日となりますので、
天の父母様、喜んでお受けくださいますように。
このすべてのみ言《ことば》を、真の父母の名で奉献申し上げます。
アーヂュ、アーヂュ、アーヂュ。

第二章

孝情の祈りを捧げる

――祈祷に関する真の父母様のみ言

真の父母様の伝統——祈りと精誠

神様と真の父母様の伝統とは何でしょうか。第一は、ために生きること、第二は、投入して、また投入して忘れてしまうこと、第三は、完成に向かって祈りと精誠を尽くすことです。これをするためには、皆さん一人ではいけません。

なぜ祈らなければならないのでしょうか。主体である天の協助を受けて、天が「私」に、共に同調しなければならないからです。その次に、なぜ精誠を尽くさなければならないのでしょうか。環境的に与えられた条件を、すべて受け入れることができる道を築かなければならないからです。

祈りは、天との主体的な関係を結ぶためのものであり、精誠は、

横的な関係を拡大するためのものです。（一九九一・八・二九）

皆さんに必要なことは、祈りと精誠です。自分が自ら復活した位置に立ったのでしょうか。復活した位置に立てなかったとすれば、切実に求める位置に立ったでしょうか。信仰をもちながら、環境に責任をもち得る自らになったでしょうか。私たちは、そのようにはなっていません。

ですから、祈りが重要です。祈りは、生死の基準を動かす能動性をもっています。そのような祈りを捧げるのは、大変なことです。「私」が見上げるほど高く、広い塔を積むとすれば、どれほど忙しいでしょうか。広くて高い塔を積もうとすれば、どれほど忙しいかというのです。それを五十年なら五十年の間に、すべて積み上げなければならないと誓ったとすれば、休む暇がないので

す。（一九七〇・六・七）

人は、落ち着けば、心の深い所に心が静まる場所があります。心が眠ることのできるその場所まで、自分の心が入っていかなければなりません。そこで眠って目覚めるときには、鋭敏になっているのです。そのときに、雑多な考えをもたずに精神を集中すれば、すべてが通じるのです。ですから、修養と祈りが必要です。いつも精誠を込めなければなりません。

精誠は一度込めて、使い回すものではありません。静かに心の位置を定めておかなければなりません。そのようにすれば、自分のすべきことがすべて分かるというのです。それをしなければなりません。方向を定め、その方向を中心として付いていかなければなりません。方向は突き出ていて、一つしかありません。それは難しいことではなく、簡単なのです。今、万全の準備をしなければならず、整備をしなければなりません。毎日のように、それを自ら押していける推進力を生み出さなければなりません。それは、自分一人ではできないことです。

（一九八二・一〇・二〇）

統一教会（家庭連合）は、真の父母を信じることによって、息子、娘を直接教育できる時代に入ったので、皆さんが心を一つにして精誠を尽くし、父母様が願う道に従っていけば、自然に一つになり、皆さんの良心は、善《よ》し悪《あ》しがだんだんと分かるようになります。だんだん通じるようになるというのです。（一九九五・一二・四）

真の息子、娘が尽くすべき精誠とは何でしょうか。現実的な生活舞台における精誠ではなく、希望の精誠、栄光の精誠、忠誠の精誠、侍《はべ》る精誠を尽くさなければなりません。そのような精誠を残していってこそ、天国が「私」の天国になり、その父が私の父になるのです。今までの精誠は、蕩減《とうげん》途上での精誠でしたが、これからの精誠は、天に侍るための精誠でなければならず、侍る場に同参するための精誠でなければなりません。（一九六七・一・二九）

神様の永遠の希望として待ちに待ったその瞬間、歴史上の宗教圏が待ちに待った一つの瞬間、メシヤを代表する真の父母も待ちに待った一つの瞬間、歴史の解放圏を形成する一つの瞬間を「私」の一生において迎えたのですから、それにふさわしい精誠を尽くすべき責任があるのです。（二〇〇一・九・二）

精誠をたくさん捧げる人が中心存在になります。天の祝福は、その人を通して現れます。アンテナが高ければ高いほど、世界に向かって遠く広がっていくのです。少しでも高ければ、世界のすべての電波に乗って越えていくのです。この電波に乗って、世界に行くというのです。それと同じです。そのため、精誠をたくさん捧げ、より投入して忘れる人にならなければなりません。それが、神様の創造の原則なので、より投入して忘れる人は、永遠の責任者になるというのです。（一九九七・一〇・六）

信仰生活をするにおいて、三つだけすれば、勝利は決定するようになっています。問題は、どれくらい持ちこたえられるかということです。数十年行くのか、でなければ数年行くのかということは、皆さんの努力と持久力に左右されます。

第一に、「理念的に制覇しなさい」、第二に、「精誠と忠誠においで誰よりも先頭に立ちなさい」、第三に、「善の行いにおいて先頭に立ちなさい」というものです。この三つだけ実践すれば、今後の勝利は既に決定されているのと同じです。結果は持ちこたえる力と期間、そして努力によって左右されます。勝利を得るのは、皆さんの努力いかんによって、七年が五年に短縮されることもあり、一年に短縮されることもあり得るのです。（一九六五・一二・二六）

深い祈りの境地へ——祈りの姿勢

心と楽しむ時間をもたなければなりません。世の中から見れば寂しい立場のようですが、それは心と友達になる時間なのです。座って瞑想《めいそう》でもしてみなさいというのです。深い祈りの境地に

入っていきます。他人の分からない深い世界に入っていくのです。そのようなことが必要です。（一九八四・七・一〇）

体恤《たいじゅつ》するためには、まず祈らなければなりません。精神を集中しなければなりません。できるだけ零点の位置に下りていかなければならないのです。この零点の位置に行くためには、神様のみ前に対象の位置に下りていくのが最も早いのです。（一九七五・二・二）

祈りは、御飯を食べることより重要です。ですから、先生も自然を好み、一人で過ごす時間は心が満たされます。静かな夜が本当に好きです。生活の豊かな底辺基盤を築くことができるのは、祈り以外に道がありません。その世界、その場で愛を感じ、愛を体験できるのであって、普通のところでは難しいのです。

そのような基盤の上で、自分自体が力を補強できる立場に立ってこそ、皆さんの信仰の道を皆さん自身が行けるのであって、いつもこのように先生が導いてあげていては、先生がいないときにはどうするのですか。

そのような背後の生活を備えるためには、祈りが必要です。夜も昼も全体のために祈ってこそ、それが生きた祈りになります。そうしてこそ、何年かごとに、自分が願う祈りが変わり、題目が変化するとともに発展するのです。ですから、今の時がどんな時なのかを知らなければなりません。そのような背後の生活を、皆さんは、祈りの生活を通して備えなければならないのです。

（一九七九・四・一五）

先生は、祈りが最も威力のあるものと信じています。不可能を可能にすることができるからです。統一教会（家庭連合）では祈りを強調しますが、他の特別な方法で祈るのではありません。しかし、その内容は異なるのです。「自分自身のために祈ってはいけない」というのが先生の教えです。自らの使命のために、そして他の人のために、また自分の祈りが慰労の言葉として神様に伝えられるようにしなさい、と教えています。（一九七七・二・三）

祈るときには、涙を流しながら祈り、汗を流しながら祈らなければなりません。「何かがぶつかっても、私を突き抜けるのであって、私は倒れない」、このような信念をもって祈りを捧げなければなりません。迫害があり、反対が起こっても、祈りを成就してくれるための、神様の時が近づいたことを知らなければなりません。統一教会（家庭連合）を信じていくとともに、だんだんと大

変になれば大変になるほど、時が近づいたことを知らなければなりません。(一九八一・三・二九)

ために生きる祈り――祈りの方法

皆さんが恩恵を受けて霊界に接してみれば、祈りの題名が自然に出てきます。自分が祈ったことを統計で出してみれば、祈りの方法と内容が公式的に発展していくことが分かります。

堕落した人間が最初に祈るとき、世界的な問題について祈ろうとすれば、ばたんとのけぞって倒れるので、初めは、一番近い人、すなわち父母と愛する息子、娘と夫を救ってくださいと祈るのです。その時期が過ぎて発展すれば、祈りの内容が変わります。

それでは、神様のみ旨を知っている人たちは、何のために祈るのでしょうか。自分の家族のためにせず、世界のために祈るのです。また自分が置かれている立場がどのような立場であり、これから神様の願う立場はどのような立場であるかを知って、神様が願うその立場で、蕩減《とうげん》路程を開拓しようというのです。このような人が知恵深い人です。（一九六六・七・三一）

神霊の世界に入って祈るなら、まず神様のために祈らなければなりません。主人に会う時間なので、主人の福をまず祈らなければなりません。そのようにしてから、イエス様のために祈らなければなりません。神様のために祈ってこそ、歴史的な神様の心情が分かります。イエス様のために祈ってこそ、歴史的なイエス様の心情が分かるのです。

その次に、今までキリスト教界でみ旨のために闘ってきた数多くの人々のために祈らなければなりません。堕落以降、アダムとエバから今に至るまで、数多くの預言者が歩んだ一歩一歩をたどりながら、「私が彼らを解怨する祭物になれるようにしてくださ い」と神様に祈りを捧げたあと、預言者たちに、「私はあなたたちの恨《ハン》が地上に残っていることを知り、その恨を解こうと思うので、協助してください」と言いながら、涙を流せるようでなければなりません。

そののちに、愛する自分の息子、娘のために祈り、その次に、自分のために祈るのです。天法がそうなっています。(一九五九・一〇・一八)

皆さんは、息子、娘のために祈る前に、まず天界にいる、今まで苦労した歴史的な先祖たちのために祈らなければなりません。

自分が幸せに暮らすことを願う前に、この地の人類が幸せに暮らすことを願う心をもたなければなりません。「私」が踊りを踊る前に、まず嘆息圏内にいる万民を見つめて心配できなければなりません。

また、うれしくても、うれしい表情をすることができず、楽しもうとしても、楽しむ行為ができなかったイエス様の事情を身代わりできる心をもたなければならないのです。（一九五八・三・二三）

これからは、「祝福中心家庭、誰々の名によって報告いたします」と言わなければなりません。祈祷ではありません。「報告いたします」と言うのです。報告する時が来ました。報告しようとすれば、善の結果がなければなりません。いつも「願います、願います」と言いますか。誇るために報告しなければなりません。

実績がなければ報告もできないのです。（二〇〇一・一・一）

　お父様は祝福家庭の皆さんに、イエス様の名前でもなく、真の父母の名前でもない、祝福家庭の誰それ、個人自身の名前で報告祈祷をしなさいとおっしゃいました。途方もない祝福です。天が、真の父母様が祝福家庭個々人を子女として認定されるという意味です。これが、どれほど感謝なことですか。（真のお母様、二〇一六・七・一六）

　これから統一教会（家庭連合）は、キリスト教で言う「アーメン」を「아주《アーヂュ》」と変えます。「アーヂュ」とは、「私の家」という意味です。

「アーヂュ」というのは、「我（ア）」の字と感服するすべてのことを意味します。驚く「ああ」や、感服する「ああ」など、すべての恨《ハン》の歴史を越えるのです。「とても（アヂュ）良い！」と言うのであって、「とても（アヂュ）悪い」という言葉を使いますか。それは最高を意味します。

「アーヂュ」の「ヂュ」というのは、「主」の字にもなり、「住」の字にもなります。人として主人になって暮らす最後の場です。「アーヂュ」がそうだというのです。入って住むというのです。「ああ、今や主人になったのだなあ！　主人になったから、私の家に行って暮らさなければならないなあ！」というとき、「私の家」というのは神様の奥の間です。生まれるときは、神様の奥の間だけではありません。神様の妻の腹中、骨髄の中で暮らさなければならないのです。分けることはできません。

「アーヂュ、私の家」と言えば、それ以上願うことはありません。

神様の内的心情において、分かれることのできない永遠の一体圏を中心とする場所が「私の家」だというのです。「私の家」にもなりますが、一番深い家にもなるのです。二つの意味があるのです。（二〇〇六・九・一七）

祈りながら歩む――祈りの生活化

国に責任を持つ者は、朝早く起きて天の前に精誠を捧げなければなりません。祈らなければならないのです。そして、「私は、この国に責任を持つ者として、天から見るとき、どうすればいいのでしょうか」と尋ねなければなりません。（真のお母様、二〇一九・一〇・六）

心は丸く、心門というものがあります。祈りが、いつもすらすらできるわけではありません。そこにも、春夏秋冬と同様の、自分の性稟《せいひん》による型があります。天の方向と、心の方向がぴったり合う時があります。その時を逃してはいけません。

そのような時が来れば、すぐに分かるのです。祈りの生活をすれば、直ちに「何か起こる」ということが分かります。その時のために、しっかりと準備しなければなりません。

その時には、百事に備え、この心の門を開いて、そこを掘り下げれば、非常に大きな力と、非常に大きな神様の愛が、どのようなものかを感じられる段階に入るのです。（一九六六・五・一五）

皆さんは、自らの心を通して祈れる人にならなければなりません。皆さんが体を通して表す言葉や行動が、皆さんの心の中心と連結された時、その言葉や行動は、神様とサタン、またはどんな人の前でも恥ずかしくなく、堂々としているでしょう。神様は、まさにこのような存在を求めていらっしゃるのです。（一九五七・二・一七）

皆さんが精誠を尽くして、心情的基準から歩んでいかなければなりません。心情一致です。距離を超越し、環境を超越し、歴史を超越することができる位置で、一致するのです。

時代と時代圏をすべて短縮できる同じ心情をもち、先生が悲しめば、皆さんも悲しまなければならず、一つの呼吸のように、ここで息を吐き出せば、吸い込むことができるよう、拍子を一致させて勝利圏を迎え入れることができる生活をしていかなければなりません。

それで、家庭を特別な祭壇とし、常に祈りながら歩んでいかなければならないのです。（一九七八・一〇・二二）

二十四時間、全体のみ旨が成し遂げられることを願いながら、その場に行こうと努力しながら祈る人、そのような祈りの心をもって努力する人は、祈りを生活化した祈祷者として神様に到達できるのです。

そうなれば、先生と共に暮らすことができ、神様と共に暮らすことができるのです。神様が直接干渉するのです。直接主管圏内に入ります。原理がそのようになっているのです。

そのため、皆さんが家庭教会活動をすれば、神様に出会えます。生きた神様を知ることによって、神様のみ旨が成し遂げられることを体験しなければなりません。（一九七七・一・一八）

祈りの生活をすれば、形容できない喜びが訪れます。その境地が、創世前の神様の心の境地です。

皆さんがそのような境地で、「こうだ！」という内容をもって説明できる立場に立つとすれば、その立場は、まさに神様が天地万物を創造された立場だというのです。神様がみ言《ことば》で被造物を創造された立場です。

そのような境地でみ言を宣布しなければなりません。そうすれば、人々も必ずそのようなみ言に触れようとするのです。

（一九七〇・三・一三）

信仰者は、より大きなことのために、公的な祈りを捧げなければなりません。そうして、これを横的に、どのように展開させるのでしょうか。それを空想することで終わるのではなく、行動の結実として表すために、創造的な冒険をしなさいというのです。

ですから、信仰者は、現実の環境と不断に闘争して、理想を現実化させるための冒険の生活をしなければなりません。したがって、信仰生活は、最高の開拓者の生活であり、最高の闘争者の生活であり、最高の伝道者の生活です。

そのような結果として現れてこそ、最高の勝利者になることができます。皆さんは、そのような信仰生活をしなければならないのです。(一九七〇・二・八)

天を愛し、人を愛する――祈りと伝道

皆さん、心を空《から》にして悔い改めなければなりません。心から悔

い改めなければなりません。高い位置にいる人は、心から低い位置に降りていかなければなりません。

すべてのことに対して悔い改める心をもつように諭してくださった天に感謝し、自分自身が新たに出発できるようになったことを感謝しなければなりません。きょう一日においても、これまで責任を果たせなかったことについて、最善を尽くさせてくださいと祈らなければなりません。

感謝の心で生きれば、周囲がすべて美しく見えます。幸せになります。そして、これを一人だけでしまっておくことができず、他の人々に伝えるようになるのです。伝道をせざるを得ないというのです。(真のお母様、二〇一二・一〇・二七)

伝道とは、サタン世界を捨てて、喜びながら天の道に従ってくるようにすることです。天の国に導くのです。皆さんを見れば、伝道すると言って、その人が喜ぼうが喜ぶまいが、ただ無理やり「来なさい、来なさい」と言っていますが、それではいけません。人は霊的存在です。

皆さんは、ある一人の人に対して祈り、一度実験してみなさいというのです。ある一人の人をこの上なく愛し、その人をみ旨の前に立たせるために、苦しい心情をもって涙を流してみなさいというのです。そして、研究してみなければなりません。

本当にその人の父母が愛する立場以上の場に、「私」がどのようにして行くのかということが問題です。これが闘いです。その人の父母以上の心をもち、私がどのようにしてその人を占領していくのか、これが問題です。（一九七一・一一・八）

祈りをたくさんしなければなりません。祈りをしなければ、神様の同情を得ることができません。神様の助けを受けられないというのです。自分を中心としては、同情を得られる背景がないからです。それで悲しいのです。神様が同情できる人になれば、寂しくありません。絶対に寂しくありません。

冷たい部屋に横たわっても、真冬の氷の塊のような部屋に横たわっても、自分がかわいそうではないのです。そのため、イエス様も祈りをたくさんしたのではないでしょうか。

祈る時間がなければ、歩き回りながら祈りなさいというのです。祈る代わりに伝道しなさいというのです。自分の一日の祈りに代えて、伝道しなさいというのです。(一九七一・八・一七)

伝道しようとすれば、人の心理を研究しなければなりません。

表情や歩き方だけを見ても、あの人が喜ぶか、嫌がるか、分からなければならないのです。その人の感情を公式的に鑑定できなければなりません。

自分の妻の足音を聞いただけでも、彼女にいいことがあるのか、悪いことがあるのか、分かるのです。妻が部屋に入ってくれば、「あなたはなぜ機嫌が良くないのか」と言うのです。そうすれば妻は、見たわけでもないのに、既に夫がすべて知っているので、何も言えないのです。そのような物差しをもって暮らさなければなりません。

関心をもって祈れば、その人が「私」に関心をもつようになるのです。（一九七一・一・三）

教会に来るときは、自分の父母、妻子を、すべて連れてきなさいというのです。兄、姉、すべて連れてこなければなりません。皆さんは、母、父、従兄弟《いとこ》や姻戚の八親等まで伝道するために、どれほど血と涙を流してみましたか。その一つの生命を導いてあげるために夜を徹して精誠を尽くし、祈りながら、自分の一身を祭物にして、どれほど身もだえしてみましたか。これが問題になります。

皆さんは、各自、置かれた環境で中心にならなければなりません。中心になって歩むべきなのです。(一九七一・二・一三)

天の父母様と共に——神様の協助を受ける祈り

私たちが行くべき道は、いずれにせよ突破していくべき道であることを考えれば考えるほど、これは私たちの力だけでは不可能です。ですから、信仰者は祈りを捧げなければなりません。

個人として神様のみ旨と一致する伝統を受け継ぐ道を見いだせなくなる時は、彼がいくら努力をし、いくら忠誠を尽くしながら行くといっても、その結果は、必ず神様のみ旨に背く立場に帰結するようになります。

そのような観点から、現在の「私」の位置がどれほど重要かということを知らなければなりません。（一九七四・五・五）

神様の愛をたくさん受ければ受けるほど、大きくなっていくので、自動的に中心的な個人になり、団体になるのです。また、国民を通して愛を受けられる基盤を築いたならば、世界を動かせる国家になるのです。このような原則があるので、皆さんは、侍《はべ》る生活をしなければなりません。侍る生活をするのは、神様の愛を受けるためです。神様にまず侍《はべ》らなければなりません。

神様の愛を受けるためには、どのようにしなければならないのでしょうか。神様は、私たち人間に完全な愛をもってこられるので、私たちは、完全な何かを投入しなければなりません。「至誠感天（至誠、天に通ず）」という韓国の格言があるのですが、それは天理に通じた言葉です。

精誠をすべて捧げるというのは、内外のすべてを尽くすということです。また言行一致、すべての実践、内外のすべての生活圏までも合わせて捧げるということです。それが精誠です。

（一九七五・五・一）

難しい問題があるときは、祈りを捧げて解決していかなければなりません。それでは、祈りはなぜするのでしょうか。祈りとは、神様の心情的基準を中心として関係を結ぶものです。

ある問題を中心として、真の意味で国を心配し、神様を心配する思いで祈りを捧げれば、神様は、必ず前後を教えてくれるようになっています。そのような役事は、いくらでもあるのです。

（一九七〇・八・一一）

統一教会（家庭連合）の教会員は、祈らなければなりません。衣食住を克服し、慢心を克服するために祈らなければなりません。人類と神様を解放しようとすれば、どれほどたくさん祈るべきでしょうか。人類歴史の誰よりも、最高に深刻な立場で祈らなければなりません。「いくら大変でも、私たちは、祈りの道を通してこの道を行ってみせる」という決意を固めなければならないのです。

いつでも、二十四時間祈るのです。そうすれば、神様が共にいます。皆さんも、皆さんのことを考えてくれる人を訪ねていくのではないですか。神様も同じです。他の誰よりも神様を考え、神様のために奉献しようというその人を、神様は、訪ねていくのです。（一九八三・六・一二）

愛の本体でいらっしゃる天の父母様は、常に私たちを助ける準備をしていらっしゃいます。すべてのことは、私自身にかかっています。良心を目覚めさせなければなりません。良心は第二の天の父母様です。

神霊と真理で常に目を覚まして祈り、あらゆることに感謝する生活をすれば、天の父母様の声を聞くようになり、体中が震えるほど愛を感じるようになるでしょう。（真のお母様、二〇一四・九・二三）

精誠を捧げなければなりません。指導者として一日中、祈るためには、神様を慕わなければなりません。人を慕うことよりも、神様をもっと慕わなければなりません。欽慕《きんぼ》と思慕の心情がいつも消えてはいけません。

会いたいと思い、何か分からないけれどももどかしく、おなかをすかせた子女がお乳を飲みたいと思う気持ちのように、何か分からないけれども慕わしくなければなりません。そのような時、人知れず自分が霊的な糧を供給されるのです。（一九七一・八・一七）

精誠を捧げるときは、「絶対に信じます」という境地に入っていかなければなりません。「神様を絶対に信じます。み旨を絶対に信じます」という境地に入っていかなければならないのです。そのような境地でのみ、神様が協助するのです。祈りながらも、祈りが成就されるか成就されないか、疑ってはいけません。
（一九七〇・六・四）

先生は今まで、韓国にいる数多くのキリスト教徒よりも多くの精誠を神様のみ前に捧げました。

心情的な人は、発展するようになっています。個人的な心情から家庭的な心情、民族的な心情、世界的な心情に発展し、体恤《たいじゅつ》するようになっています。心情をもってより一層精誠を捧げる人がいるとき、神様は、その人を離しません。神様は、そのようにしていない人を用いては、作戦を行うことができません。

天国保衛の命令を受けた立場において、自分の位置をどのように信仰的に導いていくかという問題が、何よりも大きな問題です。

自分が一つの行動を間違えば、歴史が左右されるので、のちに歴史的な審判を受けるようになるのです。

ですから、寝ること、食べること、着ることなど、一切の生活を、信仰を中心として行っていかなければならないのです。

（一九六九・一〇・一二）

霊界と歩調を合わせて暮らす――霊界を動員する祈り

皆さんは、祝福中心家庭です。祝福中心家庭は、真の父母の代身家庭なので、神様のみ前に先生が祈祷したのと同じように、霊界にいるすべての聖人、聖者も、皆さんの言葉を聞かなければなりません。

地上で、真の父母と共に祝福を受け、侍《はべ》って暮らした人は皆さんなので、皆さんが主人です。霊界に行ってみれば、霊界がすべてそのようになっているので、入っていくやいなや、どんどん上がっていくことができます。はしごがすべてあります。（二〇〇二・三・二四）

皆様は、いつ、どこで、何をしても、霊界の先祖たちが皆様と共にいることを忘れず、霊界と歩調を合わせて暮らす人生でなければなりません。精誠と祈りで霊界と交わって暮らす、地上で完成した霊界人になりなさいということです。（二〇〇六・六・一三）

祈りがどれほど偉大か、祈りの力がどれほど大きいかを知らなければなりません。私一人がここで祈りましたが、立体世界の霊界を、無限の世界を動かして動員できるというのは偉大です。そのため、祈りは磁石のような作用をします。

また祈りは、力をもっているので、皆さんが将来、責任者になり、食口《シック》のために二十四時間決意して、「それはすぐにできる」と信じて祈れば、そのようになるのを見ることができます。実際、そのような力があるのです。

ですから聖書にも、「ふたりまたは三人が、わたしの名によって集まっている所には、わたしもその中にいるのである」（マタイ一八・二〇）とあります。三人だけでも合わさって祈れば、偉大な力をもたらすことができるというのです。（一九七五・三・一〇）

お父様、共にいてください――天心苑《チョンシムオン》で捧げる祈り

皆さんが動かなければ、奇跡はあり得ません。出発は神霊と真

理、み言《ことば》です。皆さんは一生懸命、父母様のために祈祷の精誠を捧げているといいます。個人でするのも必要ですが、一つの目標のために全体が心を合わせて精誠を捧げるのです。（真のお母様、二〇一七・一一・二三）

人類が常に真の父母に侍《はべ》って暮らす体験と経験ができる所、霊界と交流できる場として情心苑《チョンシムォン》（天心苑）で祈り、願いを報告し、速やかに全世界七十七億の人類が知るようにしなければなりません。霊界に行かれたお父様が、さらに先頭で歩めるよう、祈祷しなければなりません。地上が重要なのです。難しい南北関係、日韓関係を解かなければなりません。

地上で環境を造成して、霊界が動くようにしなければなりません。情心苑は、真のお父様に侍り、三百六十五日、共にする所です。

祈祷と精誠を捧げれば、成されます。お父様に侍り、孝進《ヒョジン》、興進《フンジン》、大母《テモ》様に侍り、情心苑を中心として、すべての食口《シック》が愛で一つになる生活化がなされなければなりません。

七年路程を通じて、お父様の体面を立ててさしあげました。これからは南北統一です。お父様が直接立たれ、霊界を動員して、南北を統一しなければなりません。そうしてこそ、世界の復帰を強く成していくことができます。情心苑が摂理の主流となって南北統一をしなければなりません。（真のお母様、二〇二〇・六・八）

今は、神霊と真理によって進まなければならない時です。原理講義だけ上手にできればいいのではなく、霊界を主管することができなければなりません。そのために、世界的に天心苑《チョンシムォン》の分苑を立てたのです。神霊と真理です。（真のお母様、二〇二三・三・二九）

今後、家庭連合は、二本の柱で進むと言いました。神霊と真理です。皆さんは、天心苑《チョンシムォン》で、祈祷の精誠をたくさん捧げなければなりません。

いまだに、神統一韓国、神統一世界を築いていく上で、障害が多いのです。精誠を捧げなければなりません。（真のお母様、二〇二三・二・六）

ですから、私が話したのです。今後、統一教会（家庭連合）は、神霊と真理によって進むと。それで、私が最近、二元体制、天心苑と家庭連合が一つになって進むと言ったのです。

この天心苑祈祷が、なぜ重要なのでしょうか。私たちが天の父母様のために広げてさしあげるべき環境圏のために、霊界にいらっしゃるお父様が出動してください、ということなのです。それがお父様の願いでもあり、人類の願いです。

そのため、あなたたちが天心苑において、お父様に切実に告げるのです。「私は、きょうはこのような所を訪ねていこうと思います。お父様、共にいてください。天の権能を見せてください」と、精誠祈祷をするのです。分かりましたか。（真のお母様、二〇二三・一二・一二）

母の祈り

2024年3月16日　初版第1刷発行
2024年5月 1 日　初版第2刷発行

編　集　天の父母様聖会 世界平和統一家庭連合
発　行　株式会社 光言社
　　　　〒150-0042　東京都渋谷区宇田川町37-18
　　　　https://www.kogensha.jp
印　刷　株式会社 ユニバーサル企画

ISBN 978-4-87656-234-3

定価はブックカバーに表示しています。
乱丁・落丁本はお取り替えいたします。